Mon nom complet

_____

Date et lieu de naissance

_____

La personne à qui je fais confiance pour
mener à bien ce projet est

_____

Son remplaçant / sa remplaçante est

_____

TABLE DES MATIÈRES

INFORMATION ESSENTIELLES 7

MON LOGEMENT PRINCIPAL 13

VOLET FINANCIER 19

MA VIE EN LIGNE 31

MA VIE PROFESSIONNELLE 41

VOLET MÉDICAL 47

ARRANGEMENTS FUNÉRAIRES 51

ASSURANCES 55

VOLET JURIDIQUE 59

DIVERS 63

INFORMATIONS ESSENTIELLES
(Tout sur moi!)

RENSEIGNEMENTS PERSONNELS

Mon numéro de portable	
Mon opérateur téléphonique Code PIN de la carte SIM	
Code de déverrouillage du téléphone	
Mon numéro de téléphone fixe	
Nom du fournissuer	
Mon numéro de carte d'identité	
Mon numéro de passeport	
Mon numéro de permis de conduire	
Mon numéro de sécurité sociale	
Don d'organes	☐ Je refuse de donner mes organes

MA FAMILLE

Mon conjoint/partenaire ou ma conjointe/partenaire	
Mes proches et les personnes à ma charge	

MES ANIMAUX DE COMPAGNIE ET MES AUTRES PROCHES

Mes animaux de compagnie Coordonnées du vétérinaire (de chaque animal) Coordonnées de la personne qui a accepté de les prendre en charge	
Mes meilleur(e)s ami(e)s	

NOTES

NOTES

MON LOGEMENT PRINCIPAL

MON DOMICILE

Mon adresse complète	
Banque et prêt immobilier	
Syndicat de copropriété	
Nom et coordonnées de mon propriétaire (si locataire)	
Fournisseur d'accès à Internet et identifiants de connexion	
Emplacement de mes doubles de clef Code d'entrée ou code de la serrure	
Informations annexes : box de stockage, garage, local, place de parking, etc.	
Informations liées à la sécurité et à la surveillance de mon logement	

MES AUTRES BIENS IMMOBILIERS NON LOCATIF

Information concernant les fournisseurs d'énergie
(eau, éléctricité et gaz) et mode du paiement

MES BIENS EN LOCATION

Adresse	
Coordonnées du locataire	
Détails et emplacement du contrat de location ou bail	

MES AUTRES BIENS IMMOBILIERS NON LOCATIF

Adresse(s)	Informations à connaître

NOTES

VOLET FINANCIER

MA BANQUE PRINCIPALE

Nom et adresse de la banque	
Conseiller/conseillère clientèle	
Numéro du compte courant	
RIB/IBAN de compte	
Numéro de la carte principale, et type de carte (crédit/débit)	
Code de la carte principale	
Cryptogramme visual (3 chiffres) de la carte principale	
Numéro et type de la carte no 2	
Cryptogramme de la carte no 2	
Coffre-fort	

TYPE ET NUMÉRO DE LIVRET

Livret A	
LEP (Livret d'épargne populaire)	
LDDS (Livret de développement durable et solidaire)	
PEL (Plan épargne logement)	
CEL (Compte épargne logement)	
Compte sur livret	
PEA (Plan d'épargne en actions)	
CTO (Compte titres ordinaire)	
PER (Plan d'épargne retraite)	
Assurance vie	

MA BANQUE SECONDAIRE

Nom et adresse de la banque	
Conseiller/conseillère clientèle	
Numéro du compte courant	
RIB/IBAN de compte	
Numéro de la carte principale, et type de carte (crédit/débit)	
Code de la carte principale	
Cryptogramme visual (3 chiffres) de la carte principale	
Numéro et type de la carte no 2	
Cryptogramme de la carte no 2	
Coffre-fort	

TYPE ET NUMÉRO DE LIVRET

Livret A	
LEP (Livret d'épargne populaire)	
LDDS (Livret de développement durable et solidaire)	
PEL (Plan épargne logement)	
CEL (Compte épargne logement)	
Compte sur livret	
PEA (Plan d'épargne en actions)	
CTO (Compte titres ordinaire)	
PER (Plan d'épargne retraite)	
Assurance vie	

INVESTISSEMENTS

Entreprise et coordonnées	
Entreprise et coordonnées	
Entreprise et coordonnées	

COMPTABILITÉ

Entreprise et coordonnées	
Entreprise et coordonnées	
Entreprise et coordonnées	

PRÊTS, CARTES DE MAGASIN, CRÉDITS À LA CONSOMMATION, ETC.

	Nom du compte
	Mot de passe
	Nom du compte
	Mot de passe
	Nom du compte
	Mot de passe
	Nom du compte
	Mot de passe
	Nom du compte
	Mot de passe
	Nom du compte
	Mot de passe

COMPTES DE TRANSFERT DE FOND

	Nom du compte
	Mot de passe
	Nom du compte
	Mot de passe
	Nom du compte
	Mot de passe
	Nom du compte
	Mot de passe
	Nom du compte
	Mot de passe
	Nom du compte
	Mot de passe

NOTES

NOTES

NOTES

MA VIE EN LIGNE
(Informations confidentielles comprises...)

RÉSEAUX SOCIAUX, SITES WEB ET APPLICATIONS

	Identifiant du compte	
	Mot de passe	
	Identifiant du compte	
	Mot de passe	
	Identifiant du compte	
	Mot de passe	
	Identifiant du compte	
	Mot de passe	
	Identifiant du compte	
	Mot de passe	
	Identifiant du compte	
	Mot de passe	
	Identifiant du compte	
	Mot de passe	
	Identifiant du compte	
	Mot de passe	

RÉSEAUX SOCIAUX, SITES WEB ET APPLICATIONS

	Identifiant du compte
	Mot de passe
	Identifiant du compte
	Mot de passe
	Identifiant du compte
	Mot de passe
	Identifiant du compte
	Mot de passe
	Identifiant du compte
	Mot de passe
	Identifiant du compte
	Mot de passe
	Identifiant du compte
	Mot de passe
	Identifiant du compte
	Mot de passe

RÉSEAUX SOCIAUX, SITES WEB ET APPLICATIONS

	Identifiant du compte
	Mot de passe
	Identifiant du compte
	Mot de passe
	Identifiant du compte
	Mot de passe
	Identifiant du compte
	Mot de passe
	Identifiant du compte
	Mot de passe
	Identifiant du compte
	Mot de passe
	Identifiant du compte
	Mot de passe
	Identifiant du compte
	Mot de passe

RÉSEAUX SOCIAUX, SITES WEB ET APPLICATIONS

	Identifiant du compte
	Mot de passe
	Identifiant du compte
	Mot de passe
	Identifiant du compte
	Mot de passe
	Identifiant du compte
	Mot de passe
	Identifiant du compte
	Mot de passe
	Identifiant du compte
	Mot de passe
	Identifiant du compte
	Mot de passe
	Identifiant du compte
	Mot de passe

RÉSEAUX SOCIAUX, SITES WEB ET APPLICATIONS

	Identifiant du compte
	Mot de passe
	Identifiant du compte
	Mot de passe
	Identifiant du compte
	Mot de passe
	Identifiant du compte
	Mot de passe
	Identifiant du compte
	Mot de passe
	Identifiant du compte
	Mot de passe
	Identifiant du compte
	Mot de passe
	Identifiant du compte
	Mot de passe

RÉSEAUX SOCIAUX, SITES WEB ET APPLICATIONS

	Identifiant du compte
	Mot de passe
	Identifiant du compte
	Mot de passe
	Identifiant du compte
	Mot de passe
	Identifiant du compte
	Mot de passe
	Identifiant du compte
	Mot de passe
	Identifiant du compte
	Mot de passe
	Identifiant du compte
	Mot de passe
	Identifiant du compte
	Mot de passe

MES ADRESSES ÉLÉTRONIQUES

Adresse courriel	Mot de passe
Adresse courriel	Mot de passe
Adresse courriel	Mot de passe
Adresse courriel	Mot de passe
Adresse courriel	Mot de passe
Adresse courriel	Mot de passe
Adresse courriel	Mot de passe
Adresse courriel	Mot de passe

NOTES

NOTES

MA VIE PROFESSIONNELLE

RENSEIGNEMENTS PROFESSIONNELS

Je travaille pour	
Poste occupé	
Nom et coordonnées de mon responsable direct	
Mon activité secondaire	

CAISSE(S) DE RETRAITE, COMPLÉMENTAIRE(S) ET AUTRES REVENUS

NOTES

NOTES

NOTES

VOLET MÉDICAL

INFORMATIONS MÉDICALES

Médecin traitant	
Pharmacie habituelle	
Numéro de carte vitale	
Nom de la complémentaire santé (Mutuelle)	
Dentiste	
Autre prestataire de soins de santé	
Autre prestataire de soins de santé	
Autre prestataire de soins de santé	
Autre prestataire de soins de santé	

NOTES

NOTES

ARRANGEMENTS FUNÉRAIRES

ARRANGEMENTS FUNÉRAIRES

Je fais don de mon corps à la science. Veuillez contacter	
J'ai pris des dispositions concernant mon enterrement avec	
Des dispositions préalables n'ont pas été prises. Je voudrais donc	☐ Une enterrement en petit comité ☐ Un enterrement religieux ☐ Une cérémonie laïque
Je souhaiterais également	☐ Une pierre tombale ou une plaque ☐ Être incinéré(e) et enterré(e) J'aimerais que ma pierre tombale porte l'inscription suivante : ☐ Être incinéré(e) et déposé(e) dans une urne ☐ Être incinéré(e) et dispersé(e) à cet endroit :

NOTES

NOTES

ASSURANCES
(À résilier ou à percevoir...)

MES ASSURANCES

Coordonnées et numéro police d'assurance vie	
Coordonnées et numéro de la police d'assurance prévoyance incapacité – invalidité – décès	
Coordonnées et numéro de la police d'assurance décès	
Coordonnées et numéro de la police d'assurance invalidité	
Coordonnées et numéro de la police d'assurance habitation	
Coordonnées et numéro de la police d'assurance automobile	
Coordonnées et numéro de la police d'assurance responsabilité civile	

NOTES

NOTES

VOLET JURIDIQUE

NOTAIRE ET AUTRES HOMMES DE LOI

Nom et coordonnées de mon notaire (détenteur de mon testament)	
Lieu précis où j'ai rangé mon testament olographe	
Dans le cas d'une procuration, mon mandataire est	
Nom et coordonnées de mon autre homme de loi	

NOTES

NOTES

DIVERS
(Toutes les informations que je n'ai pas pu mettre ailleurs.)

INFORMATIONS À CONNAITRE

INFORMATIONS À CONNAITRE

INFORMATIONS À CONNAITRE

INFORMATIONS À CONNAITRE

INFORMATIONS À CONNAITRE

INFORMATIONS À CONNAITRE

INFORMATIONS À CONNAITRE

INFORMATIONS À CONNAITRE

INFORMATIONS À CONNAITRE

INFORMATIONS À CONNAITRE

INFORMATIONS À CONNAITRE

INFORMATIONS À CONNAITRE

INFORMATIONS À CONNAITRE

INFORMATIONS À CONNAITRE

INFORMATIONS À CONNAITRE

INFORMATIONS À CONNAITRE

INFORMATIONS À CONNAITRE

INFORMATIONS À CONNAITRE

INFORMATIONS À CONNAITRE

www.ingramcontent.com/pod-product-compliance
Lightning Source LLC
Chambersburg PA
CBHW080325080526
44585CB00021B/2475